Tabla de Contenidos

Introduction

Introducción

Mantener su enfoque en un mundo ruidoso y distraído puede ser difícil. Hay tantas cosas que atraen nuestra atención en todas las direcciones que parece casi imposible centrarse en las tareas que son realmente importantes. Desde las redes sociales hasta los mensajes de texto y las llamadas e incluso las personas que se detienen a hablar, siempre hay algo que puede desviar nuestra atención de hacer el trabajo.

El resultado es que sentimos que estamos atrasados. Cuando pasamos la mayor parte de nuestro día revisando notificaciones en Facebook o respondiendo a correos electrónicos sin importancia, descubrimos que queda muy poco tiempo para realizar proyectos y otros trabajos. Esto puede hacernos sentir abrumados y puede llevarnos a trabajar demasiado nosotros mismos, mientras sentimos que no hacemos nada.

Esta guía está aquí para cambiar todo eso. El objetivo es aprender a centrar nuestra atención y gestionar nuestro tiempo para que ya no tengamos que quedarnos en el trabajo hasta tarde para terminar proyectos o perder el tiempo lejos de nuestros seres queridos. En el interior, aprenderemos que somos nosotros los que tenemos el control sobre nuestro tiempo, no el reloj, y que realmente podemos hacer las cosas en función de un horario de nuestra propia elección.

A medida que trabajemos en esta guía, aprenderemos la importancia de establecer metas, minimizar las distracciones e incluso tomar descansos. Cuando se trata de enfocarnos, podemos trabajar con algunas de las mejores técnicas de gestión del tiempo, incluyendo el Método Pomodoro y Eat the Frog para ayudarnos a hacer más cosas. Poco a poco, al implementar algunos de estos consejos en uno a la vez, puede comenzar a convertir estas ideas en hábitos y mejorar su enfoque al hacer el trabajo.

Deja de dejar que este mundo ruidoso y distractor obtenga lo mejor de ti.
Deja de ser un esclavo del reloj y siente que no se hace nada.
¡Eche un vistazo a esta guía y vea los pasos exactos que puede usar para recuperar su tiempo y su enfoque!

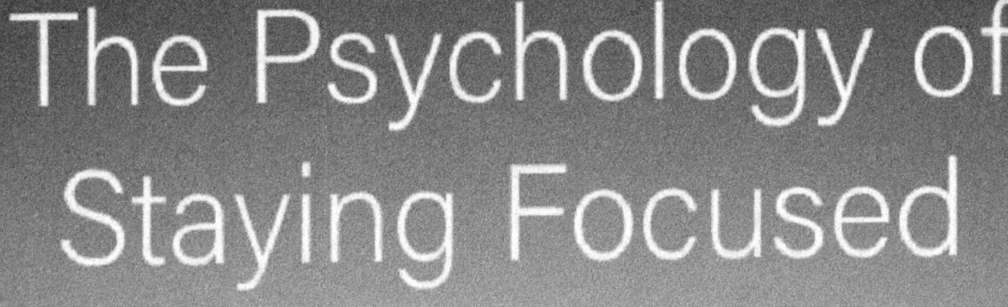
The Psychology of
Staying Focused

Capítulo 1: La psicología de mantenerse enfocado

Cuando pensamos en cuántas cosas están compitiendo por nuestra atención en este momento, la lista parece interminable. Desde una larga lista de tareas pendientes hasta nuestros teléfonos, correos electrónicos, familiares y más, parece casi imposible mantenerse al día. Si bien la tecnología moderna es increíble y ha ayudado a mejorar nuestro mundo tanto, existe el efecto secundario de siempre llamar nuestra atención.

Piensa en tu teléfono. Es común ver una notificación tras otra apareciendo y distrayéndonos de las cosas que necesitamos hacer. De repente hemos perdido una hora y nos queda un tonelada de trabajo por hacer. Esto sigue ocurriendo a lo largo del día y hace que sea imposible salir adelante.

Usted no está solo en este problema. El oficinista promedio encontrará una distracción cada tres minutos. Y la investigación del Instituto de Interacción Humano-Computadora de la Universidad Carnegie Mellon dice que puede tomar casi 25 minutos volver a la tarea después de una distracción. Básicamente, es fácil perder el foco y difícil recuperarlo. Puede que no tengamos un problema con demasiado trabajo, sino más bien un problema con demasiadas distracciones.

Cómo el cerebro elige en qué enfocarse

Durante el día, su cerebro está siempre encendido y tratando de recopilar y tomar información importante. Esto significa que tiene que ordenar a través del ruido y decidir en qué quiere centrarse. Esto se llama atención selectiva y hay dos formas principales que vienen con él:

De arriba hacia abajo

Esto también se conoce como enfoque voluntario y es uno de los mejores tipos. Con este enfoque, prestas atención a tus objetivos. Miras el panorama general y llegas a un plan que te ayuda a llegar allí. Sabes que tu teléfono y tus correos electrónicos te impiden alcanzar estos objetivos, por lo que los ignoras. Haces las cosas a tiempo, si no antes de tiempo.

De abajo hacia arriba

Se trata más bien de un enfoque impulsado por el estímulo. Cuando un pensamiento comienza a arrastrarse hacia usted o una notificación aparece en el teléfono y se distrae, esta es una señal de que trabaja con enfoque de abajo hacia arriba. Tienes que prestar atención a lo que está sucediendo a su alrededor, en lugar de lo que merece la mayor atención para usted.

¿Cuál es el problema aquí?

El objetivo final es convertirse en un pensador de arriba hacia abajo. Esto nos permite centrarnos en lo que es importante y evitar todo lo demás. Desafortunadamente, debido a nuestros instintos naturales, a menudo somos enfocadores de abajo hacia arriba. La fuerza de voluntad y el enfoque son recursos finitos, lo que significa que cuanto más se distrae, más difícil es volver a la pista. Y ya que somos enfocadores de abajo hacia arriba, cada pequeña cosa es suficiente para distraernos de nuestros objetivos.

Dado que la mayoría de nosotros podemos distraernos fácilmente con pequeñas cosas como correos electrónicos y notificaciones en nuestros teléfonos, necesitamos prepararnos para esto. Tenemos que ser conscientes de ello y limitar la cantidad de distracciones que tenemos durante el día. Apagar el teléfono y mantenerse alejado de las redes sociales, por ejemplo, puede ayudar a mantener las distracciones para que su cerebro ni siquiera se dé cuenta de que están allí y pueda concentrarse en su trabajo.

Hay demasiadas cosas que están añadiendo a nuestro problema de enfoque y tratando de desviar nuestra atención de lo que es importante. Esas notificaciones, esos correos electrónicos y esas pequeñas cosas tienen una forma de atraernos, incluso si no son tan importantes en absoluto. Creemos que solo les damos unos momentos de nuestra atención, pero no pasa mucho tiempo para que se hagan cargo y luego no hacemos nada durante el día.

Las notificaciones son tan distractoras como las llamadas telefónicas

En el pasado, no sabíamos que nadie estaba tratando de ponerse en contacto con nosotros en nuestros teléfonos a menos que sonara. Esto era menos frecuente porque la mayoría de las personas tenían que tener algo importante de qué hablar antes de pasar por el esfuerzo porque tomaba algún tiempo para una conversación telefónica. Hoy en día, nuestros teléfonos a menudo no suenan tanto. Pero aquí podemos un solo pitido o una vibración para un texto o un mensaje de Facebook. Y dado que estos toman el remitente sólo unos momentos, podemos conseguir una gran cantidad de ellos durante el día.

Un estudio de tres investigadores de la Universidad Estatal de Florida sugiere que recibir una de estas notificaciones, por pequeñas que sean, podría distraernos tanto como responder a un mensaje de texto o una llamada telefónica, incluso si no respondemos a él. Durante este estudio, hubo alrededor de 150 estudiantes que tuvieron que completar una prueba de rendimiento atencional sostenido. Durante esta prueba, a los sujetos se les da una serie de dígitos individuales en una pantalla y un nuevo dígito aparecerá cada segundo.

Durante esto, los estudiantes están destinados a tocar el teclado cada vez que cambia el dígito, a menos que el nuevo dígito sea un 3. Cada persona hizo la prueba dos veces. La primera vez lo hicieron sin sus dispositivos allí para interrumpirlos. La segunda vez, podrían tener su teléfono y los asistentes a la prueba enviarían mensajes de texto o realizarían llamadas telefónicas a estos teléfonos.

A través de esto, los investigadores encontraron que el rendimiento de esa evaluación se resencía si el estudiante recibía una notificación audible en su teléfono de cualquier tipo. Cada tipo de distracción telefónica, ya fuera una llamada telefónica o un mensaje de texto, era destructivo para lo bien que lo hacían. No parecía importar si el estudiante no contestaba el teléfono o ignoraba el texto. Si recibieron la notificación, todavía sabían que tenían esa notificación y su desempeño se resintió.

Esto es revelador para nuestro enfoque y es un ejemplo de cómo funciona el pensamiento de abajo hacia arriba. Algo tan pequeño como una notificación de texto es suficiente para enviar nuestro enfoque por la ventana y puede hacer que nuestro rendimiento se resiente. Reconocer esto y encontrar métodos para limitar el impacto que tiene en nuestro trabajo puede ser crítico si desea mejorar lo bien que lo hace en el trabajo.

Find
Your Willpower

Capítulo 2: Encuentra tu fuerza de voluntad

Incluso si te distraes fácilmente y tienes un enfoque de abajo hacia arriba, hay pasos que puedes tomar para limitar el efecto de esto. Si está cansado de que le coman su tiempo mirando en las redes sociales o revisando su teléfono cada vez que se desmaya, y no desea trabajar horas extras para hacer el trabajo, entonces hay pasos que puede tomar. Esto no siempre será fácil, pero encontrar tu fuerza de voluntad y lo que te motiva puede marcar la diferencia.

Antes de sumergirnos en algunos de los detalles sobre cómo administrar su enfoque, tenemos que ver cómo encontrar su fuerza de voluntad.
Entender el Principio de Pareto y aprender a establecer metas claras para ti mismo puede ayudar a que esto suceda.

El principio de Pareto

El Principio de Pareto especifica que alrededor del 80% de las consecuencias en cualquier situación provendrán de aproximadamente el 20% de las causas. Esto demuestra que existe una relación desigual entre las entradas y salidas. A menudo se refiere como el principio 80/20.

Si bien este principio se aplicó originalmente a la relación entre riqueza y población, se puede aplicar a muchas otras áreas,

incluidos los recursos humanos, la gestión y la fabricación.
También se puede aplicar a un nivel más personal.
La gestión del tiempo es un uso común del Principio de Pareto.

Muchas personas tienden a extender su tiempo en lugar de centrarse en las tareas que son las más importantes. En este caso, alrededor del 80% de su producción relacionada con el trabajo puede provenir del 20% de su tiempo en el trabajo.

Establecimiento de metas y objetivos

Para ayudarle a obtener más de su tiempo en el trabajo, usted debe establecer metas. Esto te ayuda a mantenerte mejor enfocado y te da algo más para trabajar. Su objetivo no debe ser, hacer más. Debe estar más enfocado y específico para ayudarlo a obtener resultados.

La mejor manera de establecer una meta es tener. Objetivo SMART. Estos representan específico, medible, alcanzable, relevante y con plazos determinados. Estos pueden darle los detalles que necesita para las metas que lo harán avanzar. También pueden ser motivacionales para que sigas trabajando en ellos en lugar de renunciar a la mitad del camino.

Puede establecer metas basadas en lo que funciona mejor para usted. ¿Quieres que sea un objetivo dejar de distraerse en el trabajo? Luego decida cuánto tiempo se permitirá revisar los correos electrónicos y las llamadas telefónicas y establezca eso como el objetivo. Si tiene un gran proyecto en marcha, utilice la idea de smart goals para ayudarle a mantenerse en el buen camino.

Digamos que tienes un proyecto importante que hacer en el trabajo y a menudo estás haciendo las cosas en el último minuto. Esta vez vamos a utilizar objetivos SMART. Enumere exactamente lo que desea hacer en el objetivo. Para este, queremos que el proyecto se realice completamente antes de la fecha límite.

Luego lo dividiremos en partes más manejables que son medibles, dando a cada parte una fecha de vencimiento que sea alcanzable para nuestras necesidades. La forma en que dividas esto dependerá del proyecto exacto que necesites hacer, pero tenerlo en trozos más pequeños y manejables puede hacer la vida más fácil y te da algo para comprobar sobre la marcha. Esto puede ser motivacional para muchas personas.

Recuerda siempre poner un límite de tiempo en cualquiera de las metas que te gustaría alcanzar. Es fácil simplemente enumerar los elementos que desea terminar y luego no hacer nada más con ellos. Esta es la forma más rápida de meterse en problemas porque seguirás posponiendo. Establezca el objetivo con un límite de tiempo que sea razonable para esa parte del proyecto y quédese con él para que ya no tenga que abandonar el trabajo hasta el último minuto.

El establecimiento de objetivos puede ayudarle a utilizar el Principio de Pareto para su máximo beneficio. Cuando estás organizado y puedes mantenerte en el buen camino, es increíble lo rápido que puedes hacer el trabajo y pasar a algo más importante. No más perder el tiempo en el trabajo o en casa, no más esperar hasta el último minuto para hacer las cosas; tienes metas claras que te ayudarán a tener éxito.

Create a Focus Haven

Capítulo 3: Crear un refugio de enfoque

Cuantas más distracciones pasen a tu alrededor, más fácil será renunciar a tu trabajo para mirarlas. Su cerebro escucha un ding o ve una notificación sobre un correo electrónico o un mensaje perdido, y asume que la información es importante y necesita respuesta de inmediato. Por supuesto, este no suele ser el caso y es sólo una manera fácil de distraerse.

Si desea mejorar su enfoque, entonces necesita crear un refugio de enfoque en torno a dónde planea trabajar. Corte el ruido y cualquier distracción que a menudo se obsesione en el camino. ¿No estás seguro de cuáles son esas distracciones? Tome nota durante unos días y vea qué elementos y sonidos tienden a desviar su atención cuando se supone que debe estar trabajando.

Un área que está vacía de todas esas distracciones puede hacer una gran diferencia en la cantidad de trabajo que se hace. Cuando no escucha constantemente el pitido o la vibración de su teléfono, se sorprenderá de lo mucho que puede hacer durante el día. ¡Es posible que incluso pueda hacer el trabajo temprano sin el estrés!

Algunas de las formas en que puede crear su refugio de enfoque incluye:

Desactivar las redes sociales y el correo electrónico

Lo primero que debe hacer al configurar su refugio de enfoque es desactivar los correos electrónicos y las redes sociales. Las redes sociales son una de las mayores desperdiciadoras de tiempo que hay y no te ayudarán a hacer nada de lo que necesitas. Simplemente debe apagarlo tan pronto como esté listo para hacer algo de trabajo. Si es necesario, configure algo en sus correos electrónicos para que cualquiera que le envíe algo sepa que está trabajando y pueda responder a ellos más tarde. Siempre pueden llamar a su puerta si el asunto es urgente.

Apague su teléfono

Nuestros teléfonos están conectados a tantas cosas diferentes que es un aluvión constante de información y cosas que pueden distraernos. Desde alertas de redes sociales, correos electrónicos, llamadas telefónicas y mensajes de texto, nuestros teléfonos se apagan todo el tiempo. Si es posible, lo mejor es apagar el teléfono cuando tenga algo de trabajo que hacer. Cuando todos estén atrapados, puede volver a encender el teléfono y mirar algunos de los correos electrónicos importantes y otras partes.

Si tienes un trabajo que no puedes apagar completamente el teléfono, sé un poco creativo. Ródalo para que solo suene o envíe un mensaje cuando sea alguien importante, y no haga que lo haga cuando aparezca cualquier otro mensaje.

Cierra la puerta

Cuando dejas la puerta abierta, estás invitando a muchas distracciones a entrar. Usted puede escuchar fácilmente todo el ruido y otra conmoción que sucede en otras oficinas y en el pasillo y no se necesita mucho antes de que usted note algo que te aleja de su trabajo. Luego siempre existe la posibilidad de que alguien vea la puerta abierta y pase por aquí para hablar. Una pregunta rápida puede convertirse fácilmente en socialización que se come todo su tiempo.

Cuando necesite hacer algo en la oficina, cierre la puerta. Si es posible, haz que parezca que ni siquiera estás allí. Una puerta cerrada ayuda a amortiguar todos los sonidos que están a su alrededor en la oficina y hace que sea menos probable que alguien llame a la puerta para hablar. Esto puede hacer maravillas para ayudarle a hacer parte de su trabajo.

Encienda algo de música clásica

La música clásica es lo mejor para esto. Es algo que puede ayudar a llenar el silencio vacío a su alrededor, o cortar el ruido que puede distraerlo fácilmente, sin ser una distracción en sí misma. No se sienta tentado a añadir algo de su propia música.

Si bien puede ser divertido escuchar a tu banda favorita, no pasa mucho tiempo antes de que esa canción favorita te distraiga mientras cantas. Además, se ha demostrado que la música clásica ayuda a mejorar el enfoque. Usa la música clásica para dar suficiente música y sonido detrás de ti para evitar más distracciones en el lugar de trabajo.

organizar

Es posible que deba obtener un poco de planificación para ayudar con este. La organización puede evitar distracciones y puede evitar que tenga que buscar en el área para encontrar las cosas que necesita. Cuando tienes que parar y preguntar a alguien sobre un proyecto o necesitas buscar para encontrar los elementos que necesitas, puede agregar mucho tiempo a un proyecto y te ralentiza.

Estar organizado y asegurarse de que cada cosa tiene su propio lugar hará una gran diferencia en lo productivo que puede ser. Y elimina cualquier posibilidad de que su enfoque se descentre en otra cosa cuando debería estar trabajando. Usted sabrá exactamente dónde está cada elemento y sólo puede llegar a él.

Hay algunas maneras en que puede trabajar en este. Para empezar, tómese un tiempo para organizar toda su área de trabajo. Haga que los elementos se pongan juntos y que a menudo usen entre sí. Guardarlos y tirar cualquier cosa que se interponga en el camino o es basura que ya no necesita utilizar. Luego, por la noche, cuando intente crear su lista de tareas pendientes, tome los elementos que necesitará para el proyecto y colótelos en un área para cada proyecto que desee completar. A continuación, puede agarrar los elementos y utilizarlos según sea necesario sin tanto buscar alrededor.

Cuando puedes hacer que el espacio a su alrededor sea más tranquilo y libre de distracciones mientras necesitas hacer las cosas, puedes minimizar las distracciones y mantenerte duro en el trabajo. Al apagar el teléfono y el correo electrónico y hacer que sea más difícil para los demás saber que incluso estás allí para que no se detengan, encontrarás que
Es más fácil relajarse y concentrarse.

Staying Focused in a Digital Age

Capítulo 4: Mantenerse enfocado en una era digital

La era digital ha hecho un número en nuestro enfoque. Incluso las personas más motivadas pueden distraerse instantáneamente cuando ven que aparece esa pequeña notificación en Facebook o notan que ha surgido otro texto o correo electrónico para su teléfono. Esto puede hacer que sea difícil mantener la concentración y hacer algo. Y con más y más tecnología entrando todo el tiempo, simplemente va a empeorar.

La distracción de nuestros teléfonos

Nuestros teléfonos son a menudo nuestras mayores distracciones. Ya no son solo un simple dispositivo para llamar a alguien. Nos proporcionan mensajes de texto, correos electrónicos, alertas de redes sociales y llamadas telefónicas, todo en uno. No es de extrañar que nos proporcionen horas de entretenimiento y distracciones que hacen que hacer el trabajo sea casi imposible.

Con nuestros teléfonos apagando todo el tiempo, mantenerse enfocado será difícil. Cuando escuchamos el ding o la vibración que nos avisa de que se ha producido un texto o un correo electrónico o alguna otra alerta en nuestros teléfonos, al instante queremos prestar atención. Incluso cuando admitimos que la información probablemente no es tan importante y puede esperar, nuestro enfoque ha cambiado y nos molestará hasta que lo comprobemos. Esto quita tiempo fuera del trabajo y puede hacer que sea difícil volver a la tarea, especialmente si esto sucede muchas veces.

Si bien nuestros teléfonos pueden ser una herramienta realmente útil, son una de las peores distracciones cuando quieres hacer las cosas. Si usted es serio acerca de ayudar a su enfoque, entonces lo primero que debe trabajar es quitar su teléfono. Es posible que deba dejar el teléfono con otra persona o apagarlo para que pueda evitar todas estas distracciones y mantenerse en la tarea.

Minimalismo Digital

Al menos cuando estás tratando de hacer el trabajo, necesitas convertirte en un minimalista digital. Esto básicamente significa que si la tecnología no es necesaria para hacer el trabajo, entonces tiene que desaparecer. Si puede hacer todo el trabajo sin ninguna tecnología, apague todo. Su objetivo es ver qué cantidad de la tecnología puede apagar o sacar de la habitación y ver qué tan rápido su enfoque vuelve a entrar en juego.

Tal vez necesite trabajar en un informe para un proyecto. Dedique media hora más o menos en línea a buscar la información que necesita, imprimir los correos electrónicos con información relevante y recopilar todos los hechos que necesita. Después de esa media hora, imprima todo y luego apague Internet. Si puede escribir el informe, apague todo el equipo. Si necesitas escribirlo, ve y apaga físicamente el Wi-Fi mientras haces tu trabajo.

Esto es importante. No asuma que puede mantenerse alejado de las redes sociales, la búsqueda en línea, los correos electrónicos y todo lo demás mientras está en la computadora. Algunas personas pueden hacer esto y es posible que no necesiten apagar todo lo demás. Otros pueden verse tentados a comprobar las cosas todo el tiempo. Cuando desenchufas el Wi-Fi, lo único que puedes usar es Word u otro software similar que no necesita estar conectado.

No olvide desactivar las otras opciones digitales alrededor de su oficina. Apague el teléfono, los altavoces y cualquier otra cosa que pueda conectarlo a Internet y a cualquier parte del mundo fuera de la puerta de su oficina. No tiene tiempo para eso en este momento y todo puede esperar.

Con todo apagado, no tienes más distracciones. Puede usar la investigación que encontró anteriormente para ayudar a escribir su informe y hacer las cosas. Si tiene una pregunta o algo que necesita verificar, no vuelva a encender Internet ni busque su teléfono. Haz una pequeña nota en un post-it y míbalo cuando todo el trabajo esté hecho. Usted se sorprenderá de lo rápido que un informe puede hacerse cuando se centra toda su atención en eso en lugar de en cada distracción que sucede a su alrededor.

Cada cosa va a ser un poco diferente en cómo hacer el minimalismo digital. Si eres un experto en redes sociales, probablemente necesitarás estar en Facebook o algo similar para hacer el trabajo. Pero puede apagar su correo electrónico y teléfono durante ese tiempo y asegurarse de que solo pase tiempo en las redes sociales del trabajo y no en las suyas propias. Con cada proyecto en el que trabajas, piensa en cuántos elementos digitales puedes desactivar antes de comenzar y ve la diferencia que marcará.

You're In Control
of Your Time

Capítulo 5: Usted está en control de su tiempo

Una cosa que muchas personas olvidan es que son los que tienen el control sobre su tiempo. Asumen que simplemente no hay suficientes horas en el día para hacer todo su trabajo y se sienten abrumados cuando los proyectos vencen en el último minuto. Pero con la cantidad correcta de enfoque y buenas técnicas de gestión del tiempo, puede aprender fácilmente cómo tomar el control de su tiempo y hacer las cosas a tiempo.

Ley de Parkinson

La Ley de Parkinson es la idea de que el trabajo se expande para llenar el tiempo disponible para su finalización. Esto simplemente significa que la cantidad de tiempo que se proporciona a sí mismo para terminar una tarea es la cantidad exacta de tiempo que se tarda en completarla. Por lo tanto, si tienes tres semanas para escribir un ensayo, entonces se necesitan tres semanas completas para hacerlo. Si tiene una semana para hacer el proyecto, entonces se hará en una semana.

Si bien hay algunas excepciones a esto (no puede terminar un documento de 100 palabras en una hora), la idea es que puede realizar el trabajo en la cantidad de tiempo que sea necesario. Esta es la razón por la que puede tomarle tres semanas escribir un ensayo, pero si le dieran solo una semana, aún podría hacerlo a tiempo.

Si estableces la línea de tiempo demasiado lejos, o haces que el objetivo sea demasiado distante, te llevará mucho tiempo lograrlo. No lo hace
importa lo lejos que lo establezcas, todavía tomará tanto tiempo lograrlo todo. Si desea asegurarse de realizar su trabajo de manera oportuna, en lugar de en el último minuto, establezca la línea de tiempo antes. Incluso si la fecha límite es de tres semanas, haga su propio objetivo de hacerlo en una semana y vea qué diferencia hace. ¡Es posible que se sorprenda de lo rápido que puede hacer ese proyecto!

Técnica Pomodoro

La Técnica Pomodoro es una buena opción para usar si necesitas ayuda para mantenerte enfocado en una tarea. Si encuentras que pequeñas distracciones se internen en tu camino, a menudo tienes que trabajar más allá del punto de ser óptimamente productivo, y tienes un trabajo abierto que podría tomar una cantidad ilimitada de tiempo, como estudiar para un examen, entonces esta técnica puede ayudarte a mantenerte enfocado y hacer las cosas.

La idea básica es que establecerás ráfagas cortas de tiempo para que hagas el trabajo. Con la ayuda de un temporizador, te pones a trabajar y tratas de lograr tanto como sea posible durante ese tiempo. Cuando el temporizador ha terminado, se toma un descanso. Esto te permite saber que tienes pequeñas ráfagas de tiempo que realmente enfocas, pero luego obtendrás un descanso, lo que puede ayudarte a estar más concentrado y hacer más.

El núcleo de este método es trabajar en sprints de 25 minutos. Puede desglosar algunos elementos más pequeños en el mismo sprint si es necesario y si son pequeños. Y si terminas un proyecto, sigue adelante y trabaja en lo siguiente en tu lista de tareas pendientes. Nunca termine dentro de los 25 minutos y luego comience a revisar sus correos electrónicos y distraerse. Puede hacerlo más tarde, pero siempre y cuando el temporizador esté funcionando, debe realizar el trabajo.

El uso de este método es sencillo. Permite tiempo de trabajo y algunos buenos descansos para darse un poco de descanso. Para trabajar con este método:

- Obtenga una lista de tareas pendientes y un temporizador. Complete una lista de las tareas que necesita para terminar con las cosas más importantes en la parte superior.

- Establezca el temporizador durante 25 minutos y, a continuación, concéntrese en una sola tarea hasta que suene el temporizador. Algunas tareas más grandes pueden necesitar algunos de estos sprints de 25 minutos para realizarse, pero el punto es trabajar en una cosa a la vez. Si tiene tareas más pequeñas, agrupelas y hágalos en un sprint.

- Cuando termine la sesión, marque un pomodoro y luego grabe lo que se hace.

- Tómese un descanso rápido para estirarse y moverse cuando eso se haga.

- Cuando haya completado cuatro de estos ciclos, es hora de tomar un descanso. ¡Date de 15 a 30 minutos para moverte y descansar después de todo ese trabajo duro!

Con estas breves ráfagas de concentración intensa y enfoque, usted encontrará que usted puede conseguir mucho más hecho. Este corto período de tiempo no parece mucho, pero puede sumar rápidamente y darle la oportunidad de salir adelante en su trabajo.

Asegúrese de recordar tomar esos descansos a medida que avanza. Es fácil querer ir a toda máquina y trabajar más y más. Y eso es admirable que quieras hacer el trabajo. Incluso puede ser capaz de hacer algunos sprints como este sin los descansos. Pero este método está destinado a ayudarle a conseguir un poco de enfoque intenso en marcha y su cerebro necesitará un descanso. Incluso media hora después de unas horas de duro trabajo puede hacer un mundo de diferencia.

Cómete la rana

Otro método que puede utilizar para ayudarle a conseguir a través de todo el trabajo que necesita para lograr durante el día se conoce como comer la rana. Esta idea es que trabajará en la tarea más importante primero y lo hará de inmediato por la mañana. Si es su trabajo por la mañana comer una rana, entonces debe hacerlo por la mañana para que no cuelgue sobre su cabeza todo el día. Si necesita comer dos ranas (o tiene dos cosas importantes que hacer durante el día), entonces debe comer la más grande primero.

La idea aquí no es simplemente hacer una tarea y luego llamarla buena para el resto del día. Pero centrarse en esa gran tarea que debe hacerse puede ayudar a liberar su mente. No tienes ese gran proyecto tirando de tu atención todo el día porque eso es en lo que te enfocas primero. Una vez hecho esto, tienes todo ese enfoque libre para hacer otras cosas. Además, cuando haces lo grande primero, las otras cosas más pequeñas parecen más fáciles y rápidas de hacer.

Para usar el método Eat the Frog, cada mañana:

- Identifica a tu rana: Esta va a ser la tarea más difícil o la más importante para el día.

- Cómelo: Esto significa que usted se pone a trabajar y hacer esa tarea de inmediato. No lo pospongo y trate de hacerlo más tarde.

- Repítelo: Cada día encontrará la rana y luego cómela de inmediato.

Una vez que haya terminado con esa gran tarea, puede trabajar en algunas de las otras tareas que necesita realizar. Pero con esa gran tarea hecha, ya no necesita preocuparse de que se cierne sobre usted o se posmente hasta el último minuto.

Este método puede parecer que tiene un nombre extraño, pero la idea es la misma. Usted necesita conseguir la cosa que es el más difícil o el menos agradable hecho de inmediato en la mañana. De esta manera no está flotando sobre ti todo el día. Puedes hacerlo y sentir una sensación de alivio mientras te enfocas en hacer todo el otro trabajo.

Tareas únicas frente a multitarea: ¿Cuál es mejor?

Todos los métodos que analizamos anteriormente le piden que haga una tarea a la vez. No importa cuántas tareas necesites hacer, todos te piden que elijas una a la vez y te concentres en eso hasta que se haga. Cuando se complete esa tarea, puede pasar a la siguiente y, a continuación, a la siguiente, etc.

Esto se debe a que la tarea única suele ser la mejor opción. A menudo asumimos que si estamos haciendo muchas tareas a la vez, estamos siendo más eficientes. Esto es un error. La multitarea a menudo hace que estemos más distraídos y luchemos con el enfoque. Tampoco completamos las tareas muy bien cuando tratamos de hacer un montón de ellas.

Con las tareas individuales, solo nos enfocamos en una cosa a la vez, evitando todas las distracciones de las otras tareas que pueden obstaculizarnos. También podemos hacer un mejor trabajo en una tarea porque centramos toda nuestra atención en ella hasta que se hace, en lugar de dividir nuestra atención en dos o más tareas. Esto a menudo nos lleva a hacer el trabajo más rápido también.

Si bien puede parecer que siempre se está quedando sin tiempo cuando se trata de hacer su trabajo, tiene más control sobre su tiempo de lo que podría imaginar. Con una buena comprensión de la Ley de Parkinson y la comprensión de algunas de las diferentes técnicas de gestión del tiempo a su disposición, pronto encontrará que tiene mucho más tiempo en su día de lo que nunca imaginó.

Don't Forget
to Take a Break

Capítulo 6: No te olvides de tomar un descanso

Es fácil entusiasmarse con algunos de los métodos que discutimos en el último capítulo y asumir que necesita correr a toda máquina para hacerlo todo. Pero también es importante tomar muchos descansos cuando estás haciendo cualquiera de estos métodos. Nuestros cerebros no están diseñados para pasar horas y horas tratando de hacer todo el trabajo. Y tratar de obligarlos a hacerlo puede hacernos cansados y desgastados. En poco tiempo las distracciones vendrán.

Es por eso que todos los métodos que discutimos anteriormente tienen descansos incorporados. Cuando se realiza una tarea, se supone que debe tomar un descanso. Cuando uno de los sprints se realiza con el Método Pomodoro, se supone que debes tomarte un descanso y uno aún más largo una vez que se realicen cuatro sprints. Los descansos son ideales para ayudar a su enfoque y ayudarle a mantenerse en la tarea.

Tomar descansos de cualquier trabajo mental que hagas va a ser útil. Hará que sea más fácil concentrarse y puede aumentar sus niveles de productividad, así. Algunos de los beneficios de agregar descansos en su día incluyen:

Aumenta su productividad

Estudios recientes muestran que tener algún tipo de descanso
una vez por hora más o menos puede ayudarlo a ser más
productivo que aquellos que continuaron trabajando sin
descanso. Después de algún tiempo, nuestros cerebros

centro de atención

se van a sentir cansados de toda la estimulación, por lo que es
difícil manejar la tarea o verla como importante por más tiempo.
Cuando nos tomamos un descanso, podemos volver a ese
trabajo con un poco de energía nueva y más enfoque.

Puede ser su combustible creativo

Incluso si realmente amas el trabajo que haces, no puedes seguir
siendo creativo y enfocado cuando tu mente está cansada.
Incluso diez minutos para caminar por su oficina o para ir a tomar
una copa puede ayudarle a calmarse y sólo le da al cerebro un
poco de descanso. Esto puede traer suficiente descanso para
ayudarle a pensar en el problema de una manera diferente y
encontrar la solución que desea.

El movimiento físico mantiene el cerebro afilado

Al tomar su descanso, es una buena idea levantarse y moverse
tanto como sea posible. Haga un paseo por la oficina o algunos

saltos jacks. Si puedes salir por unos minutos, pruébalo. La actividad física, así como el aire fresco y un poco de sol, pueden hacer maravillas para limpiar la niebla que puede venir sobre usted después de trabajar duro. Si bien mantener el enfoque es bueno para hacer el trabajo, tensa el cerebro y puede hacer que se desgaste más rápido de lo normal. Estos descansos saludables que consiguen que la sangre bombee a través de la actividad física pueden ser solo el boleto que necesita.

Es fácil caer en la trampa de que necesitamos sentarnos en nuestros escritorios y centrar toda nuestra mente y atención en las tareas que tenemos entre manos durante ocho horas al día. Esto te va a desgastar rápidamente y puede hacer que tu enfoque y productividad disminuyan. El enfoque es necesario para hacer el trabajo, pero los descansos regulares son tan importantes para evitar que el cerebro se queme mientras haces tu trabajo.

Fuel Up

Capítulo 7: Combustible

Cuidar de tu cuerpo es una pieza importante del rompecabezas cuando se trata de ayudarte a concentrarte. Sin dormir lo suficiente y los alimentos adecuados para proporcionar una nutrición importante al cuerpo, el cerebro no es capaz de concentrarse o realizar de la manera que debería. Ambos componentes deben estar en su lugar o tendrá dificultades para hacer algo durante el día. Las otras técnicas pueden hacer algunas cosas increíbles para ayudarlo a mantenerse en la tarea y hacer más durante el día, pero necesitan ayuda de los alimentos que come y la cantidad de sueño que duerme.

Cómo el sueño mejora el enfoque

Es muy fácil evitar dormir lo que necesitas. Es posible que no piense que es un gran problema quedarse despierto hasta tarde y perderse unas horas de sueño, pero esto puede hacer mucho daño cuando se trata de su sueño. Dormir lo suficiente es algo bueno porque nos ayuda a pensar con claridad, tomar decisiones inteligentes y recordar información.

Cuando no podemos dormir lo suficiente, va a causar deterioros de la función ejecutiva. Este es básicamente un conjunto de habilidades que usamos para hacerlo bien en el trabajo, en la escuela y en todas las partes de nuestra vida. Un cerebro claro y alerta, que obtenemos cuando dormimos, nos permite enfocarnos, recordar información y ser creativos. Nada de esto es posible cuando no dormimos lo suficiente.

Piensa en la última vez que apenas duermes. Es posible que haya tenido que quedarse con los niños o haber trabajado en un gran proyecto. Después de solo unas horas de sueño, te sentías agotado y tenías problemas para hacer algo, sin importar lo mucho que lo intentaste. Esto puede suceder, aunque en menor medida, cuando. Te pierdes unas cuantas horas de sueño cada día.

Si usted encuentra que su enfoque simplemente no está entrando en línea de la manera que usted quiere, puede ser el momento de mirar su horario de sueño. Un horario de sueño de rutina, lo que significa que te acuestas y te levantas a la misma hora cada día, hará una gran diferencia en lo bien que te sientes por la mañana. Trate de al menos ocho horas de sueño, así. Esto le da a su mente tiempo para descansar y despejar el desorden para que pueda ponerse a trabajar con algunos de los mejores enfoque alrededor.

Obtener la dieta correcta

Comer una dieta saludable es una excelente manera de ayudarle a mantener su enfoque. Los alimentos llenos de grasas malas y muchos azúcares pueden dañar su capacidad cerebral y en realidad hace que sea más difícil concentrarse. Los alimentos adecuados harán que sea más fácil concentrarse en cualquier tarea que necesite realizar durante el día.

La comida es el principal alimento que ayudará a regular tu energía y tu estado de ánimo. Ambos son críticos cuando se trata de su atención. Al igual que no es una buena idea agregar un poco de aceite de oliva en el automóvil para ayudarlo a funcionar, no debe poner una tonelada de galletas, jarabe de chocolate, pop y otros artículos en su cuerpo para ayudarlo a correr.

La comida es realmente increíble en el que puede afectar su claridad mental, memoria, estado de ánimo, y la capacidad de concentrarse. Si usted todavía está luchando con la concentración y hacer las cosas durante el día, entonces puede ser el momento de mirar los alimentos que usted come.

Cuando tomamos un refresco o comemos algo con mucho azúcar, nos puede dar una explosión temporal de energía. Podemos sentirnos muy bien por un poco, pero esta energía es bastante fugaz. Tan pronto como el subidón de azúcar ha terminado, tenemos un gran accidente. A partir de ahí, es imposible mantenerse alerta y mucho menos tener el foco que necesitamos. Los alimentos saludables ayudan a mantener nuestros niveles de energía estables para que podamos concentrarnos durante todo el día.

Hay muchos alimentos como el té verde y los arándanos que tienen afirmaciones sobre cómo ayudan a su memoria y pueden hacer que se concentre. Pero lo más importante es centrarse en una dieta general más saludable. Comer alimentos que alimentan el cuerpo, en lugar de los que le darán una explosión temporal de energía y luego hace que ese choque de azúcar sea difícil de trabajar, puede ser lo mejor para un enfoque sostenido.

Muchas proteínas magras, carbohidratos saludables y frutas y verduras son un buen lugar para comenzar. Estos le darán a su cuerpo todas las vitaminas y minerales que necesita para mantenerse afilado. Mantenga algunas alternativas de refrigerios saludables alrededor de la oficina también. Nunca sabes cuándo todo ese trabajo duro te va a hacer desgastado y cansado y tener algo que sea fácil de agarrar y que alimente tu cuerpo puede evitar que comas algo malo que te quite el foco.

Si desea obtener el buen enfoque que le ayuda a hacer el trabajo de manera oportuna, entonces usted necesita centrarse en alimentar el cuerpo bien. Cantidades adecuadas de sueño por la noche y comer alimentos que no sólo detener los dolores de hambre, sino también ayudarle a obtener todas las vitaminas y minerales que se merece puede hacer toda la diferencia.

Make It a Habit

Capítulo 8: Haz que sea un hábito

Todos los pasos de los que hablamos anteriormente son excelentes para ayudarlo a mejorar su enfoque. Cuando haces metas claras sobre lo que te gustaría lograr y duermes lo suficiente y buena comida y pasas tiempo usando algunas de las técnicas de gestión del tiempo, encontrarás que es más fácil concentrarse y puedes hacer más cosas a lo largo del día.

Pero no siempre va a ser fácil. Habrá momentos en los que quieras evitar hacer el trabajo o preferirías pasar tiempo en tu teléfono. Usted puede disfrutar de conseguir más trabajo hecho durante los primeros días de probar estas diferentes técnicas. Sin embargo, después de unos días, es posible que desee volver a sus viejos hábitos y no quedarse con él.

Si desea mejorar su enfoque y ver resultados, tendrá que no sólo leer a través de algunas de las técnicas anteriores, usted tendrá que convertirlos en hábitos que usted es capaz de utilizar día tras día. Cuando te acuestas y te despiertas cada día durante un mes al mismo tiempo, lo convertirás en un hábito que es más difícil de romper. Si te acostumbras a comer la rana en el momento en que entras en el trabajo, entonces es algo que automáticamente comienzas a hacer.

¿Qué es un hábito?

Su objetivo a través de todo esto es convertir algunas de las acciones que discutimos en esta guía en hábitos. Un hábito es solo un patrón de comportamiento que desarrollamos repitiéndolo una y otra vez. A menudo se puede utilizar para ayudar a mejorar nuestro rendimiento de ese patrón. Cuando se hace lo suficiente, es algo que podemos hacer sin pensarlo.

Esto es una gran cosa para usted porque le ayudará a hacer más, incluso sin pensar en ello. Cuando apagas el teléfono automáticamente cuando entras en tu oficina, has desarrollado un hábito que hace que sea más fácil concentrarse en tu trabajo y no distraerse. Cuando configuras una lista de tareas pendientes y luego te sientas a trabajar en sprints con el Método Pomodoro, puedes ponerte a trabajar sin sentir que es difícil de hacer.

Comience con un solo hábito a la vez. Dimos un sinnúnio de sugerencias a través de esta guía que están destinadas a ayudarle a tener éxito. Llevarlos todos a la vez es un objetivo admirable, pero uno que te abrumará y puede hacer que sea imposible mantenerse enfocado y en la tarea. Comience con uno o dos que le parezcan importantes. Tal vez te metas durante las primeras semanas para llegar a la cama media hora antes y que quieras probar el Método Pomodoro. A partir de ahí se pueden ver mejoras y eso puede ser suficiente para motivarte a probar algunos otros métodos.

Cómo crear un hábito

Ahora que le hemos dado todas las herramientas que necesita para tomar el control de su tiempo y obtener más enfoque, es hora de convertirlas en un hábito que pueda usar cada día para hacer más cosas. Algunos de los pasos que puede utilizar para crear nuevos hábitos incluyen:

- Concéntrese en un hábito a la vez: Si pasa mucho tiempo en su teléfono cada día, tal vez comience por hacer que sea un hábito revisar el teléfono solo una vez por hora. A continuación, puede pasar a hacer un refugio de enfoque en la oficina y luego elegir una de las técnicas de gestión del tiempo. Cuando haces una pequeña cosa a la vez, es más fácil de manejar y puede convertir todo esto en una segunda naturaleza mientras tu enfoque mejora.
  Comience con un pequeño hábito: No necesita sumergirse con el hábito más difícil de manejar primero. Comience con algo pequeño.

- Sé específico en tu intención: Tienes que ser específico y seguir con el objetivo. Tener el objetivo de hacer más durante el día simplemente no lo corta aquí. Tenga un plan de acción sobre cómo hará todo y sea específico con su intención. Si vas a usar el método Eat the Frog, sabe el día antes de qué tarea completarás para eso y luego siéntate a hacerlo de inmediato por la mañana sin distracciones.

▫ Realiza un seguimiento de tu progreso: El método pomodoro puede ser bueno para esto, ya que se supone que debes anotar lo que logras durante cada pequeño sprint. Al final de unas semanas de hacerlo, compare notas y vea cuánto más puede lograr. Usted puede ser sorprendido de lo mucho que puede hacer cuando se trabaja en su enfoque y tomar el control de su propio tiempo.

El proceso de crear un nuevo hábito no es tan complicado. Sólo hay unos pocos pasos para utilizar. Pero seguir adelante con todo esto es la parte que es difícil. El mayor obstáculo para un nuevo hábito es apenas empezar. Si usted puede conseguir a través de la parte difícil y se puede hacer el trabajo durante unas semanas, o hasta un mes, entonces se convierte en un hábito y usted encontrará que es más fácil simplemente quedarse con él.

Conclusion

conclusión

Mantener nuestro enfoque en este mundo digital siempre es difícil. Hay muchas cosas que pueden llamar nuestra atención y pueden hacer que sea fácil distraerse y perder nuestro enfoque en la tarea en cuestión. Es posible que veamos una notificación en las redes sociales, un mensaje de texto o incluso un correo electrónico y sintamos la intensa necesidad de revisarla en lugar de hacer nuestro trabajo. Cada uno de estos descansos puede costarnos un tiempo valioso a la hora de realizar nuestro trabajo.

En esta guía, echamos un vistazo a cómo funciona el enfoque con el cerebro y luego exploramos algunos de los diferentes métodos y técnicas que puede usar para ayudar a mejorar su propio enfoque. éste
no es un proceso que funcionará de la noche a la mañana. Es fácil distraerse y evitar la tentación de mirar su teléfono una vez más o revisar su correo electrónico nuevamente es difícil. Pero al implementar lentamente algunas de las ideas en esta guía y algunas de las técnicas, puede mejorar lentamente su enfoque y obtener control sobre su tiempo nuevamente.

Si te gustó este libro electrónico y lo encontró útil, por favor tómese un momento para dejar una reseña!

Sobre el autor

C.X. Cruz nació en Puerto Rico y ha vivido en el área de la ciudad de Nueva York desde que tenía 14 años. Tiene títulos de posgrado de la Universidad Estatal de Nueva York y la Universidad de Honolulu en Ciencias de la Computación. Ha trabajado para bancos de inversión europeos como UBS, y para bancos estadounidenses como Goldman Sachs. Sus aficiones incluyen la silvicultura y el remo.

Cuando era un estudiante de posgrado muy joven, Cruz pensó en publicar libros. Hace 30 años era extremadamente difícil publicar un libro utilizando los métodos tradicionales. Renunció a este sueño editorial en ese entonces. Afortunadamente, hay numerosas maneras de convertirse en un auto-editor hoy en día. Internet ha democratizado muchos negocios como la edición de libros. Cruz puede traerte un gran contenido y un gran precio. Nunca dejes de leer y aprender. ¡Cruz sabe que disfrutarás leyendo sus libros!

legal

El material de este libro se obtuvo de InDigitalWorks.com con el Derecho de Participación Principal.

Sin responsabilidad

Bajo ninguna circunstancia el creador del producto, programador o cualquiera de los distribuidores de este producto, o cualquier distribuidor, será responsable ante cualquier parte por cualquier daño directo, indirecto, punitivo, especial, incidental u otro daño consecuente que surja directa o indirectamente del uso de este producto. Este producto se proporciona "tal cual" y sin garantías.

El uso de este producto indica su aceptación de la política de "No responsabilidad". Si no está de acuerdo con nuestra política de "No responsabilidad", entonces no se le permite usar o distribuir este producto (si corresponde). La falta de lectura de este aviso en su totalidad no anula su aceptación de esta política en caso de que decida utilizar este producto.

La ley aplicable puede no permitir la limitación o exclusión de responsabilidad o daños incidentales o consecuentes, por lo que la limitación o exclusión anterior puede no aplicarse a usted.   La responsabilidad por daños y perjuicios, independientemente de la forma de la acción, no excederá la tarifa real pagada por el producto.

InDigitalWorks.com

derechos de autor

revisiones y ciertos otros usos no comerciales permitidos por la ley de derechos de autor. La responsabilidad por daños y perjuicios, independientemente de la forma de la acción, no excederá la tarifa real pagada por el producto. Este libro electrónico ha sido escrito únicamente con fines informativos.